Elke Hartebrodt-Schwier

Von Abendmahl bis 10 Gebote

44 Spiele für die Konfirmandenarbeit

aussaat

2. Auflage 2006

Verlagsgesellschaft des Erziehungsvereins mbH,
Neukirchen-Vluyn
Covergestaltung: Hartmut Namislow
Satz: Bittner Dokumedia, Wöllstadt
Gesamtherstellung: Grafo Industrias Gráficas, Spanien
Printed in Spain
ISBN 13: 978-3-7615-5464-7
ISBN 10: 3-7615-5464-8
Bestell-Nr.155 464

Inhalt

Abendmahl 5
1. Abendmahlsmemory 6
2. Alle werden satt 7
3. Schmecket, wie freundlich der Herr ist 9
4. Standbilder zu Tischgeschichten 10

Bibel 13
5. ABC-Bibelquiz 14
6. Bibeltasten 16
7. Biblisches Gitterrätsel 17
8. Biblisches Personenraten 18
9. Richtig oder Falsch 19

... das Frieden wächst 20
10. Frieden vs. Gewalt 21
11. Was ist Gewalt? 22
12. Werbeszene für Frieden 24

Diakonie 25
13. Der barmherzige Samariter 26
14. Miteinander teilen 28
15. Wollknäuelspiel zur Diakonie 29

„Eine Welt" 31
16. Brückenspiel 32
17. Klatschball aus Kamerun 34
18. Ohne Worte verständigen 35
19. „Shah na panj" aus Afghanistan 36
20. Triff den Pfennig aus Brasilien 37

Jesusgeschichten 38
21. Bartimäus I 39
22. Bartimäus II 40
23. Das verlorene Schaf 41
24. Reich Gottes 42
25. Verhaftung Jesu 43
26. Zachäus 46

Kirche erleben 47
27. Blind tasten 48
28. Fotorallye 49
29. Imaginäres Fotografieren 50
30. Kirche ertasten 51
31. Kirchenrallye 52

Schöpfung 53
32. Naturmemory 54
33. Obstsalat 55
34. Schöpfungsklänge 56
35. Wasserrallye 57

Taufe 58
36. Aus dem Wasser gezogen 59
37. Fotorallye zu Kreuzformationen 60
38. Licht der Welt 61
39. Mein Name 62
40. Wasser des Lebens 63

Weihnachten 64
41. Adventskalendertür, Bescherung, Stall 65
42. Sternkalender 66
43. Weihnachtliche Liedpantomime 68
44. Weihnachtliche Montagsmaler 69
45. Wichteln 70

Abendmahl

In der Feier des Abendmahls erleben die Christen das Geheimnis der Gegenwart Gottes. In der Bibel gibt es zahlreiche Textstellen, in denen das gemeinsame Essen Menschen miteinander verbindet. So haben die Israeliten seit der Zeit in Ägypten zusammen das Passahmahl gefeiert, um bis heute an den Auszug aus der Sklaverei in die Freiheit zu erinnern (2. Buch Mose 12). Auch das Abendmahl ist ein Erinnerungsmahl. Es erinnert uns an das letzte Mahl, das Jesus mit seinen Jüngern feierte. Während er die Einsetzungsworte spricht, wird dem Brot und dem Saft aus Trauben eine besondere Symbolik zugeschrieben. Das Brot wird zerbrochen, wie der Leib Jesu am Kreuz zerbrochen wird. Jesus verteilt das Brot an seine Jünger, d.h. er verteilt Anteile von sich, Anteile seiner leiblichen Gegenwart. Die Gemeinschaft aller, die am Abendmahl teilnehmen, ist jetzt „Leib Christi". Gemeinsam aus einem Kelch zu trinken ist ein deutliches Zeichen für Vertrautheit und Gemeinschaft. Jesus fordert die Jünger auf, untereinander in solcher Gemeinschaft und Vertrautheit zu leben, dass sie jederzeit auch den Kelch teilen können. Abendmahl ist aber nicht nur ein Erinnerungs-, sondern auch ein Freuden-, Liebes-, Fest- und Hoffnungsmahl.

Abendmahlsmemory

Material: **Spielkarten mit diversen Motiven rund um das Abendmahl, je Bild zweimal**
Spieldauer: **Je nach Kartenmenge: ca. 30 Minuten**

Das Abendmahl besteht aus mehreren Elementen, Zeichen- und Symbolhandlungen, z.B. Gemeinschaft, Brot, Wein, Kelch, Vergewisserung, Hoffnung etc. Um diese verschiedenen Elemente einer Abendmahlsfeier zu würdigen, kommen verschiedene Bildkarten – wie bei dem klassischen Memory – ins Spiel. Die Symbole liegen jeweils als Pärchen vor. Diese Symbole werden entweder vorbereitet mitgebracht (einführender Spielcharakter) oder gemeinsam mit den Teilnehmenden erarbeitet (vertiefender Spielcharakter). Die Spieler haben beim Aufdecken eines Pärchens die Aufgabe, den anderen ihre persönliche Entdeckung zum Bild mitzuteilen.

Alle werden satt – Eine Annäherung zu Johannes 6,1-15

Material: **Teller mit Gebäckteilen oder einzeln verpackten Süßigkeiten, Getränk, Gläser, evtl. Papier und Stifte für eine Spielauswertung**

Spieldauer: **ca. 30 Minuten bei 12 Spielern**

Alle Spieler sitzen im Kreis, evtl. an einem Tisch. In der Mitte steht Essen und Trinken. Keiner bedient sich selbst, sondern jeder wartet ab, bis ihm gegeben wird. Einer beginnt und nimmt ein Gebäckteil oder ähnliches und überreicht es dem anderen mit einem Satz, der ein Kompliment oder einen Wunsch beinhalten kann. Der Empfangende nimmt dieses Essen an. Nun kann der Zweite Essen weitergeben oder den Teller in die Mitte zurückstellen, so dass ein anderer Essen weiterreichen kann. Es wird gewartet bis alle versorgt sind.

Dann wird nach gleicher Regel für das Trinken verfahren. Jemand schenkt dem anderen zu trinken ein und übergibt das Glas dem anderen, wieder kann etwas dazu gesagt werden.

Im Anschluss an das Spiel kann eine kurze Auswertung

stattfinden, bei der alle Teilnehmer Zettel und Stifte erhalten. Jeder schreibt für sich auf, was er während des Spiels empfunden hat. Das Aufgeschriebene wird von jedem selbst vorgestellt.

„Schmecket ..., wie freundlich der Herr ist" – Psalm 34,9

Material: **Verschiedene Brotsorten, Tücher zum Augenverbinden**
Spieldauer: **Je nach Anzahl der Spieler: ca. 10–15 Min.**

Allen Spielern werden die Augen verbunden. Der Spielleiter reicht jedem Einzelnen ein Stück von einem Brot. Wenn alle probiert haben, dürfen sie die Brotsorte beim Namen nennen. Dann wird das nächste Brot gereicht.

Ein liturgisches Element wie z.B. ein Gebet kann sich hier anschließen.

Standbilder zu Tischgeschichten

Material: **Die ausgewählte biblische Geschichte als Vorlage**
Spieldauer: **ca. 60 Minuten**

Das Alte und Neue Testament sind angefüllt von Geschichten, in denen Menschen miteinander eine Tischgemeinschaft bilden. Diese Geschichten können helfen, Aspekte der Abendmahlsbedeutung erfahrbar zu machen. Mit Hilfe von verschiedenen Standbildern können diese Geschichten erlebt werden. Als Beispiel dienen folgende Geschichten:

2. Mose 13 und 14:	Erinnerungsmahl
1. Könige 17 und 19	Stärkungsmahl
Markus 14,22–24	Das letzte Mahl
Lukas 14,15–24	Festmahl
Lukas 15,11–32	Freudenmahl
Lukas 19,1–10	Vergebungsmahl
Lukas 24, 28–35	Freuden- und Hoffnungsmahl
Johannes 6,1–14	Stärkungsmahl

Der Text wird zweimal gelesen, wegen des unterschiedlichen Eindrucks von zwei verschiedenen Personen, möglichst von einer Frauen- und einer Männerstimme. Die Zuhörer können beim Hören zwei unterschiedliche Orte mit unterschiedlichen Körperhaltungen, z.B. sitzen, stehen oder liegen, im Raum einnehmen. Nach der Textlesung kommen alle wieder zusammen, und es werden die im Text vorkommenden Personen und die Personen, die zudem dabei gewesen sein könnten, gesammelt.

Aus der Spielgruppe wählt sich jeder eine Rolle. Die Rollen, die nicht besetzt sind, werden beiseite gelegt. Im nächsten Schritt klärt die Spielgruppe die darzustellende Situation. Anschließend sucht sich jeder seinen Platz und seine Position, bis alle zufrieden sind. Es folgt ein Auswertungsgespräch. Wenn der Vorbereitungskreis aus einer großen Gruppe besteht, bietet das szenische Interpretieren eine weitere Chance zum Textverständnis. Hier werden einzelne „Bildteile" von Betrachtenden ersetzt, indem z.B. jemand an eine Person herantritt, sie durch Berührung ablöst, so dass der Betrachter dessen Haltung einnimmt. Alternativ dazu kann ein Betrachter einer Person im Bild seine Stimme geben. Dies bietet die Möglichkeit, das eigene Standbild von außen zu betrachten und unterschiedliche Positionen einzunehmen. In einem weiteren Schritt kann die „Originalbesetzung" des

Standbildes eine „erste Bewegung" machen, um dann wieder darin zu erstarren.

Abschließend teilt sich die Spielgruppe ihre Empfindungen und Entdeckungen an dieser Geschichte mit.

Bibel

Der Name „Bibel“ stammt von dem griechischen Wort „biblos“ und bedeutet „Buch“. Das Buch der Bücher ist sehr umfangreich. Es ist nicht von einem einzigen Verfasser, sondern von unzähligen Menschen geschrieben worden und unterscheidet sich somit von vielen anderen Büchern. Die Bibel ist in einem Zeitraum von 1000 Jahren entstanden, d.h. die ältesten Bücher sind etwas 1000 v. Chr. aufgeschrieben worden, die jüngsten Schriften ca. 100 n. Chr. In den über 1000 Jahren schriftlicher Abfassungszeit sind 66 verschiedene Bücher entstanden, in denen Gott zu uns Menschen spricht. Sowohl das Alte Testament als auch das Neue Testament bieten viele Spielideen, um die Bibel zu erleben.

ABC-Bibelquiz

Material: **Fragen, Glocke, Bibel für jede Kleingruppe**
Spieldauer: **Je nach Kenntnis der Spieler ca. 45 Minuten**

Das Quizspiel ist so aufgebaut, dass die Spieler zu jedem einzelnen Buchstaben des Alphabets eine Frage erhalten. Hierzu werden die Spieler in verschiedene Kleingruppen eingeteilt. In der Mitte des Spielfeldes befindet sich eine Glocke. Nachdem die Frage gestellt wurde, darf der Spieler einer Kleingruppe die Frage beantworten, der als erstes die Glocke zum Klingen gebracht hat. Wenn die Frage falsch beantwortet wurde, bekommt die Mannschaft einen Punktabzug, während eine andere Mannschaft die Chance hat, die Frage erneut zu beantworten. Wenn die Fragen zu schwer sein sollten, dürfen die Spieler eine Bibel zur Hilfe nehmen. Bei der Zusammenstellung der Fragen kann evtl. folgendes Buch helfen: Peter Calvocoressi, Who´s who in der Bibel.

Mögliche Fragen:

- A steht für... , Kains Bruder (1. Mose 4,3–8)
- B steht für... Ein Blinder, den Jesus sehend machte (Markus 10,46–52).
- C steht für..., wo ein Engel dem Kornelius erschien (Apostelgeschichte 10,11)

Bibeltasten

Material: Fühlkasten, diverse Gegenstände
Spieldauer: ca. 30 Minuten

Die Spieler werden in zwei oder mehr Kleingruppen eingeteilt. Jeweils einer aus der Mannschaft darf in einen zuvor präparierten Karton greifen, um einen der darin liegenden Artikel zu ertasten. Dieser steht in direkter bzw. indirekter Weise in Beziehung zu verschiedenen Bibelereignissen. Die jeweiligen Spieler ertasten den Gegenstand und benennen die entsprechende Bibelszene. Die Mannschaft, die als erstes den Gegenstand einer Bibelstelle zuordnen kann, erhält einen Punkt. Die Mannschaft, die als erstes 10 Punkte hat, gewinnt.

Mögliche zu ertastende Gegenstände:

- Feder von einem Hahn – Verleugnung durch Petrus
- Fischernetz – Fischzug des Petrus
- Stofflöwe – Daniel in der Löwengrube
- Passahzugaben – Passahmahl bzw. das letzte Mahl mit Jesus
- Augenbinde – Bartimäus

Biblisches Gitterrätsel

Material: **Gitterrätsel, Stifte, Bibel, evtl. Paarbildungen bei den Spielern**
Spieldauer: **Je nach Schwierigkeitsgrad, ca. 30 Minuten**

Der Spielleiter schreibt verschiedene Fragen zur Bibel auf. Die Antwort der einzelnen Fragen wird jeweils in eine Zeile des Gitterrätsels eingetragen. Im Vorfeld überlegt sich der Spielleiter ein gesuchtes Lösungswort, z.B. der Name der Kirchengemeinde etc. für eine senkrechte Spalte des Gitterrätsels. Die Spieler blättern in der Bibel und lernen den Aufbau der Bibel kennen.

Mögliche Fragen für das Gitterrätsel:

- Das erste der Lehrbücher ist das Buch ...
- Wer war Simsons Vater? Lies nach bei Richter 13!
- Aus welcher Stadt kommt die Frau, die am Grab Jesu seinen Leichnam mit Öl einsalben möchte? Lies nach in Markus 16,1f.
- Glaube, Liebe, Hoffnung – was ist die größte unter ihnen? Das erfährst du im 1. Korintherbrief 13,13

Biblisches Personenraten

Material: **Krepp-Klebeband, Stifte**
Spieldauer: **Je nach Größe der Spielgruppe, ca. 20 Minuten**

Alle Spieler sitzen in einem Kreis. Ein Spieler geht für einen kurzen Moment außer Hörweite, während die anderen Spieler sich für diese Person eine biblische Figur ausdenken. Der Name der zu erratenden Person wird auf Krepp-Klebeband geschrieben und der Person anschließend auf die Stirn geklebt. Auch alle anderen Spieler erhalten nacheinander zu erratende biblische Personennamen auf die Stirn geklebt. Dann geht das Quizspiel los: Es dürfen reihum nur Fragen gestellt werden, die mit „Ja" oder „Nein" beantwortet werden können. Sobald ein Spieler von den anderen auf seine Frage ein „Nein" erhält, ist der nächste Spieler an der Reihe. Das Spiel ist beendet, wenn alle Spieler ihre zu erratende Person ausfindig gemacht haben.

Richtig oder Falsch

Material: **„Stuhl der Wahrheit“, diverse Aussagen**
Spieldauer: **Ab 15 Minuten**

Die Spieler werden in zwei gleichstarke Mannschaften eingeteilt. Sie setzen sich in zwei Reihen gegenüber. Jeder aus der Mannschaft erhält eine fortlaufende Zahl. Die jeweiligen Personen mit den gleichen Zahlen sitzen sich gegenüber. Zwischen den beiden Reihen steht ein „Stuhl der Wahrheit".

Der Spielleiter erzählt eine richtige bzw. falsche Tatsache aus der Bibel und ruft dann eine Ziffer auf. Die angesprochenen Spieler müssen zum „Stuhl der Wahrheit" eilen und die Frage mit „richtig" oder „falsch" beantworten. Die Mannschaft, die die korrekte Antwort schneller gegeben hat als die gegnerische Gruppe, erhält einen Punkt.

Mögliche Aussagen:

- Noah schickte einen Adler los, um feststellen zu lassen, ob das Land wieder bewohnbar sei.
- Jesus lies Johannes seine Brandmale fühlen.
- Jesus wurde am Jordan getauft.

...das Frieden wächst

Der Ökumenische Rat der Kirchen hat für die Jahre 2001 bis 2010 die Dekade „Gewalt überwinden" ausgerufen. Der zentrale Ansatz besteht darin, sich gemeinsam und aktiv für Frieden, Gerechtigkeit und Versöhnung einzusetzen und Wege gegen Gewalt zu gehen. Die vorliegenden Spiele bieten den Raum, über Friedensvorstellungen, Gewalt und Interessenkonflikte zu diskutieren.

Frieden vs. Gewalt

Material: Nicht erforderlich
Spieldauer: Ab 30 Minuten

Im Raum werden zwei Zettel mit den Stichworten „Frieden" und „Gewalt" einander gegenüber auf den Boden gelegt. Die Spieler entscheiden sich für eine der beiden Perspektiven. In den entstandenen beiden Kleingruppen wird anschließend jeweils ein Standbild (Statue) zum Thema „Frieden" und „Gewalt" entwickelt. In der Gesamtgruppe können die Standbilder mit folgendem Verlauf nacheinander gezeigt werden:

Zunächst stellt eine Kleingruppe ihr Bild auf,die Zuschauenden gehen um und in das Bild, betrachten die „Bildteile" und deren Haltungen sowie Mimik, Gestik und das Gesamtgebilde, die Spielgruppe löst das Bild auf, die Beobachtenden benennen ihre Wahrnehmungen, Beobachtungen und damit verbundene Assoziationen zum gezeigten Standbild. Die Spielenden erzählen, was sie verkörpern wollten und jeder einzelne beschreibt den eigenen Anteil am Standbild, das Erleben und weitere Einfälle. Abschließend zeigt die Spielgruppe noch einmal ihr Standbild.

Was ist Gewalt?

Material: **ca. 10 Aussagen über Gewaltsituationen pro Kleingruppe**
Spieldauer: **ca. 20–30 Minuten**

Die Teilnehmer werden so in Gruppen eingeteilt, dass immer 5 Personen eine Kleingruppe bilden. Jede Kleingruppe erhält einzeln aufgeschriebene Aussagen über „Schlaglichter Gewalt". Zusammen überlegen die Personen, welche Aussagen Gewalt darstellen und welche nicht. Evtl. können die verschiedenen Situationen nach dem Grad der Gewalttätigkeit sortiert werden. In der Kleingruppe soll Einigkeit über die Reihenfolge erzielt werden. Im Anschluss an die Diskussion können die verschiedenen Ergebnisse der Kleingruppe im Plenum vorgestellt werden.

Mögliche Aussagen der „Schlaglichter Gewalt":

- In einer Gaststätte wird ein/e Ausländer/in nicht bedient.
- Ein/e Judokämpfer/in kämpft gegen seinen/ihren Gegner.
- Ein/e Autofahrer/in sieht seine/n Freund/in am Straßenrand und hupt.

- Ein/e Demonstrant/in blockiert eine Bahnstrecke beim Kastortransport.
- Ein/e Kapitän/in entleert den Altöltank in die Nordsee.
- Tierschützer/innen holen 30 Katzen aus einer Zwei-Zimmer-Wohnung.
- 50 Mastschweine werden von einem LKW zum Schlachthof gefahren.
- Der Zahnarzt operiert einen entzündeten Zahn.
- Ein/e Polizist/in schießt mit seiner/ihrer Dienstwaffe auf Pappfiguren, die Menschen ähneln.
- Ein/e Rettungsassistent/in macht eine Herz-Lungen-Wiederbelebung, dabei brechen dem/der Patienten /Patientin drei Rippen.
- Ein Kind quengelt vor der Ladenkasse, die Mutter gibt ihm einen Klaps.
- Sechs Kinder hänseln ein anderes Kind aus der Nachbarklasse.
- Die Feuerwehr schneidet das Dach eines Porsches ab, um den Fahrer heraus zu holen.

Werbeszene für Frieden

Spieldauer: ca. 20 Minuten

Die Spieler teilen sich in Kleingruppen auf, so dass immer ca. 5 Personen eine Gruppe bilden. Alle Kleingruppen erhalten vom Spielleiter den Auftrag, eine Werbeszene für den Frieden zu entwickeln. Nach einer Vorbereitungszeit von ca. 15 Minuten kommen die Kleingruppen im Plenum zusammen und präsentieren ihr Ergebnis. Im Anschluss an die Szenen kann gemeinsam über den Inhalt der Friedenskampagne diskutiert werden.

Diakonie

Das Wort „Diakonie" stammt aus dem griechischen und bedeutet Dienst bzw. Dienstleistung. Somit richtet sich die Diakonie an diejenigen, die am Rande von Kirche und Gesellschaft stehen, die also keine oder nur geringe Möglichkeit haben, ihre Bedürfnisse und Interessen zu äußern und zu befriedigen. Durch Diakonie wird ein Heilungsprozess in Gang gesetzt bzw. unterstützt, um Menschen zu einem „ganzen" Mensch-Sein zu verhelfen. Heilung findet sowohl im individuellen wie auch im gesellschaftlichen Bereich statt. Der diakonische Ansatz findet seine Legitimation in der Nachfolge Jesu, in der das menschliche Miteinander zu gestalten und zu verantworten ist. Hungrige zu speisen, Fremde zu beherbergen und Kranke zu besuchen, sind Zeichen christlicher Diakonie (Matthäus 25,31–40).

Spiele mit diakonischem Hintergrund fördern ein intensives soziales Lernen, indem die Spieler aufeinander achten, füreinander da sind oder auf Schwache Rücksicht nehmen.

Der Barmherzige Samariter – Lukas 10,29–37

Material: **Papier, Kohlepapier, Stifte, Bibeltext**
Spieldauer: **ca. 60–90 Minuten**

13

Die Geschichte wird in der Gruppe vorgelesen. Es werden allgemeine Fragen zum Verständnis geklärt. In diesem Planspiel werden als Personen benötigt: Samariter, Opfer, Räuber, Wirt, Leviten und die Priester. Die Spieler ordnen sich so, dass es jeweils eine Kleingruppe für jede Rolle gibt. In einer sehr kleinen Gruppe können Personen weggelassen werden, wie z.B. die Leviten. Jede Gruppe setzt sich in einen eigenen Raum. Während des Spiels wird zwischen den anderen Gruppen nur schriftlich kommuniziert. Hierzu werden Briefe geschrieben – in zweifacher Ausfertigung. Zudem wird auf jedem Brief der Absender, der Adressat und die Uhrzeit notiert.

Wenn in einer Kleingruppe ein Brief geschrieben wurde, bringt einer diesen Brief zur Spielleitung, die das Original dann entsprechend an den Adressaten weiterleitet. Die Kopie bleibt bei der Spielleitung, um gegebenenfalls während des Spiels weitere Impulse zu geben. Der Empfänger kann sofort auf diesen Brief mit einem erneuten Brief antworten.

Das Spiel ist nach einer zuvor vereinbarten Spielzeit beendet. Anschließend kann im Plenum der gesamte Spielverlauf reflektiert werden.

Möglicher Einstieg ins Planspiel:

Wirt an Samariter – 10.15 Uhr

Inhalt: Mein Geld wird knapp! Opfer muss wieder gesund werden. Wenn längerer Genesungsurlaub erwünscht ist, brauche ich mehr Geld!

Miteinander teilen

Material: **Zeitungspapier, Stifte, Musikanlage, CD**
Spieldauer: ca. 15 Min.

Die Spieler tragen zusammen, was sie mit anderen teilen können, z.B. Zeit, um andere zu besuchen, Freude, um andere zu trösten oder Wissen, um anderen bei Schulschwierigkeiten zu helfen. Jeder einzelne Begriff wird auf ein Zeitungspapier geschrieben. Diese werden in der Spielfläche verteilt ausgelegt. Die Spieler stellen sich auf das Papier. Dann können die Spieler von einem Werk des Teilens zu einem anderen springen, solange eine Musik läuft. Wenn die Musik aufhört, wird ein Werk nach dem anderen weggenommen. So teilen sich die Spieler immer mehr die Werke der Barmherzigkeit.

In Anlehnung an dieses Spiel kann der diakonische Bibeltext zu den Werken der Barmherzigkeit gelesen werden (Matthäus 25,31–40).

Wollknäuelspiel zur Diakonie

Material: **Wolle, Papier und Stifte**
Spieldauer: **Je nach Anzahl der Spieler, ca. 15 Minuten**

Die Spieler sitzen in einem Stuhlkreis. Ein Freiwilliger eröffnet das Spiel, indem er ein Wollknäuel einem anderen Spieler zuwirft. Dabei behält er den Anfangsfaden in der Hand. Nachdem der zweite Spieler das Wollknäuel gefangen hat, sagt der erste Spieler, in welchem sozialen Netz er verknüpft ist, z.B. Freunde, Verein, Kirchengemeinde, Eltern usw. Dann wirft der zweite Spieler das Wollknäuel einem dritten Spieler zu, und er sagt, in welchem Netz er eingebunden ist usw. Das Wollknäuel wechselt solange die Spieler, bis alle miteinander verbunden sind. Ein Netz zwischen den Spielern ist entstanden. Dann wird das Netz vorsichtig zu Boden gelassen. Mit dem jeweiligen Stuhlbein der Spieler wird das Netz gesichert, um die Hände wieder frei zu haben. Dann wird zusammen überlegt, welche Menschen durch soziale Netze fallen können, z.B. Obdachlose, Arbeitslose, Menschen mit Behinderungen usw. Für jede Personengruppe wird ein Zettel ausgefüllt und in die freien

Netzfelder gelegt. In einem zweiten Schritt wird überlegt, welche Institutionen oder Personen sich gerade für diese Menschen einsetzen. Jede einzelne Idee wird wieder auf einen Zettel geschrieben und auf die Knotenpunkte im Netz gelegt. Nach der Betrachtung des entstandenen Bildes wird es zusammen aufgehoben.

„Eine Welt“

Wir leben alle in der „einen Welt“, und doch sind die Unterschiede zwischen den einzelnen Ländern und Kontinenten so verschieden. Das Themenfeld „Eine Welt“ eröffnet eine Diskussion zum Konzept des globalen Lernens. Mit Hilfe von verschiedenen Spielen aus aller Welt kann eine Orientierung sowie eine didaktische Reflexion zu diesem Lernfeld stattfinden. Beim Spielen geht es um eine globale Herausforderung in einer gemeinsamen Umwelt: „Zusammenleben mit anderen“ und „so spielen Menschen anderswo“.

Brückenspiel

Material: **Für jeden Spieler eine Liste mit Kinder- bzw. Menschenrechten, „z.B. Jedes Kind hat ein Recht auf Religion, eine saubere Umwelt, Bildung ...". Weitere Informationen zu den Rechten erteilt z.B. UNICEF, Kinderhilfswerk der Vereinten Nationen.**

Spieldauer: **Je nach Spieler, ab 30 Minuten**

Jeder Spieler erhält eine gleiche Anzahl von verschiedenen „Kinder- bzw. Menschenrechten". Jedes Recht hat ein imaginäres Gewicht von zwei Kilo. Alle Spieler werden eingeladen, sich vorzustellen, dass jeder eine Brücke betritt, die jeden Moment droht, einzubrechen. Im Laufe des Spiels verliert die Brücke an Standfestigkeit. Um sicher über die Brücke zu gelangen, muss das Gewicht der Rechte reduziert werden. Im Laufe des Spiels müssen sich die Spieler noch von weiteren schwerwiegenden Rechten trennen, bis evtl. nur noch ein Recht übrig bleibt.

Im Anschluss an das Spiel kann eine Diskussion unter

den Spielern über die Rangfolge der abgeworfenen Rechte stattfinden, d.h. die Spieler beginnen mit den Rechten, von denen sie sich am leichtesten trennen können.

Klatschball aus Kamerun

Material: Kreide, Ball
Spieldauer: ca. 10 Minuten

Das Spielfeld wird mit einem Kreidestrich in der Mitte geteilt. Auf jeder Seite steht eine Mannschaft, die jeweils ca. zwei Meter von der Mittellinie entfernt steht. Eine Mannschaft fängt an: Ein Spieler wirft einen Ball einem anderen aus der gegnerischen Mannschaft zu. Während der Ball in der Luft ist, klatschen alle einmal in die Hände. Wenn der Ball gefangen ist, stampfen alle mit den Füßen. Dann wird der Ball wieder zurück geworfen, und alle Spieler klatschen und stampfen wieder. Bei diesem Spiel geht es nicht um Gewinnen und Verlieren, stattdessen steht der von den beiden Mannschaften entwickelte Rhythmus im Vordergrund.

Ohne Worte verständigen

Material: Nicht erforderlich
Spieldauer: ca. 10 Minuten

18

Viele haben schon im Ausland Urlaub gemacht, obwohl sie die Sprache des fremden Landes weder sprechen noch verstehen können. Dann wird oftmals mit „Händen und Füßen gesprochen", um sich verständlich zu machen. Bei diesem Spiel hat ein Freiwilliger die Aufgabe, anderen Spielern ohne Worte eine Nachricht zu übermitteln, z.B. alle sollen sich in eine Reihe setzen, die Schuhe ausziehen oder ein Blatt Papier zerreißen.

Dieses Spiel kann wie „Montagsmaler" in zwei Gruppen auf Zeit gespielt werden.

„Shash na panj" aus Afghanistan

Material: **Nicht erforderlich**
Spieldauer: **Je nach Anzahl der Spieler, ca. 10 Minuten**

Alle Spieler geben sich eine Zahl zwischen 1 und 100, die sich jeder merken muss. Jede Zahl darf nur einmal vorkommen. Ein Freiwilliger eröffnet das Spiel, indem er eine von den Spielern ernannte Zahl ruft. Der aufgerufene Spieler reagiert schnell und nennt eine neue Zahl usw. Wer zu langsam reagiert oder eine Zahl benennt, die gar nicht im Spiel ist, scheidet aus. Gewonnen hat derjenige Spieler, der am längsten im Spiel bleibt.

Triff den Pfennig aus Brasilien

Material: **Stock, Kreide, Geldmünzen oder ähnliches**
Spieldauer: **ca. 20 Minuten**

Ein Stock von ca. 45 cm Länge wird in den Boden gesteckt. Um ihn herum wird ein Kreis mit einem Durchmesser von ca. 50 cm gezogen. Auf die Spitze des Stockes wird ein Geldstück gelegt. Alle Spieler stehen in einem Abstand von ca. einem Meter um den Kreis. Die Spieler haben nacheinander die Aufgabe, mit einer anderen Münze das Geldstück vom Stock zu werfen, so dass es außerhalb des gezogenen Kreises fällt. Wer das schafft, kommt noch einmal an die Reihe und erhält einen Punkt. Sieger ist derjenige, der die meisten Punkte in einer zuvor verabredeten Spielzeit schafft.

Jesusgeschichten

Die Texte im Neuen Testament lassen den Lebenslauf von Jesus erkennen. Der Leser bekommt Auskunft über seinen Geburtsort, Wohnort, Beruf, Familienstand, Nationalität, „Decknamen“, die ihm vorgeworfenen Straftaten, sowie Angaben zu seiner Verurteilung, seinem Tod und seiner Auferstehung. Jede Geschichte ist in sich ein Glaubensbekenntnis zu Jesus und damit eine Begegnung mit Jesus. Sie wollen zum Glauben an Jesus ermutigen. Jesu Botschaft vom Reich Gottes ist ein Angebot mit der Hoffnung auf eine friedliche Welt. Auch die Wundergeschichten führen zu einer reflektierten Meinung: Wer ist Jesus für mich heute? Sie wollen Mut machen, von Jesus Hilfe und Heilung zu erwarten.

Bartimäus I – Markus 10,46–52

Material: Mehrere Tücher
Spieldauer: ca. 20 Minuten

21

Variante I:
Im Markus-Evangelium wird von der Heilung des blinden Bartimäus erzählt, Markus 10,46–52.

Den Gruppenteilnehmern soll spielerisch erlebbar werden, was es heißt, als Blinder zu leben. Dazu sucht sich jeder einen Partner. Dem kleineren von beiden werden die Augen verbunden. Der Sehende hat die Aufgabe, den „Blinden" so durch das Spielgelände zu führen, dass er auf sicherem Weg zum Ziel gelangt. Nach einer vorher abgesprochenen Zeit werden die Rollen getauscht. Im Anschluss an diese Übung können die gemachten Erfahrungen im Plenum ausgetauscht werden.

Bartimäus II – Markus 10,46–52

Material: **Mehrere Tücher, viele bunte Bilder, Papier und Stifte**
Spieldauer: **ca. 20 Minuten**

22

Variante II:
Im Plenum liegen viele verschiedene bunte Bilder aus. Einem werden die Augen verbunden. Ein anderer nimmt sich ein Bild aus der Mitte und umschreibt es so, dass der „Blinde“ eine Vorstellung dessen bekommt, was zu sehen ist. Dann wird ihm das Tuch abgenommen, und er versucht das Bild zu skizzieren. Anschließend werden beide Bilder miteinander verglichen.

Auch hier ist es sinnvoll über einen Erfahrungsaustausch ins Gespräch zu kommen. Wenn ausreichend Zeit ist, kann diese Übung noch einmal wiederholt werden.

Das verlorene Schaf – Lk 15,1–7

Material: **Nicht erforderlich**
Spieldauer: **ca. 10 Minuten**

Dieses Spiel eignet sich besonders, wenn die Gruppe schon einige Zeit zusammen ist. Es wird gespielt in Anlehnung an das Gleichnis vom verlorenen Schaf, Lukas 15,1–7. Vor Gruppenbeginn spricht der Gruppenleiter einen Teilnehmer aus der Gruppe an und bittet ihn, sich zu verstecken. Dabei ist es umso besser, wenn derjenige schon von den anderen auf dem Gelände gesehen wurde. Zum Gruppenbeginn stellen dann die anderen relativ schnell fest, dass noch einer aus der Gruppe fehlt. Sofort fangen alle an, den versteckten Gruppenteilnehmer zu suchen.

Wenn er gefunden wurde, sollte die Geschichte vom verlorenen Schaf erzählt werden. Die Parallele zwischen der Erzählung von Jesus und dem Alltag besteht darin, dass auch in dieser Gruppe jeder Einzelne wichtig ist.

Reich Gottes

Material: **Holzkasten in den Maßen 100cm x 100cm mit einem Rand von ca. 10 cm, diverse Materialien aus der Natur und andere Bastelmaterialien**
Spieldauer: **ca. 45 Minuten**

Im Neuen Testament erzählt Jesus viele Geschichten über das Reich Gottes. Um sich der Bedeutung dieses Begriffes anzunähern, werden die Gruppenmitglieder in Kleingruppen von ca. 5 Personen eingeteilt. Jede Kleingruppe hat die Aufgabe, einen Holzkasten so zu gestalten, dass sie ihre Überlegungen zum Reich Gottes zum Ausdruck bringen.

Im Anschluss an die Präsentation der verschiedenen Modelle sollte eine Jesusgeschichte zum Reich Gottes erzählt werden, z.B. das Gleichnis vom großen Festmahl, Lukas 14,15–24.

Verhaftung Jesu

Material: **Pressemitteilung und Arbeitszettel für jeden Spieler, Bibel für jeden Spieler, Papier und Stifte**
Spieldauer: **ca. 60–90 Minuten**

In einer Pressemitteilung wird den Spielern folgendes mitgeteilt:

„Im Garten Gethsemane wurde in der Nacht zum Freitag der bekannte Laienprediger Jesus im Kreise seiner Freunde offensichtlich überrascht und ohne großen Widerstand von bewaffneten Kräften verhaftet. Er wurde dem priesterlichen Gericht vorgeführt. Noch vor einigen Tagen hatte ihn die Mehrheit der Jerusalemer Bevölkerung jubelnd empfangen.

Zur Stunde dauern die Verhöre an. Noch ist nicht klar, wie der Wortlaut der Anklage lauten soll. Einige verurteilen Jesus wegen Gotteslästerung, denn er nennt den Schöpfer der Erde seinen Vater. Nach jüdischem Recht steht darauf die Todesstrafe, die aber aufgrund der römischen Besatzung nicht ausgesprochen werden darf. Andere werfen ihm Aufruhr gegen die römische Obrigkeit vor. Auch darauf steht die Todesstrafe. Da zum bevorstehende

Passahfest immer ein Gefangener freigelassen wird, hat Jesus die Chance, auf diesem Wege der Todesstrafe zu entkommen.

In der Bevölkerung wird gespalten darüber diskutiert, wer Jesus wirklich ist:

- *Ein Prophet?*
- *Ein politischer Anführer, wie es sie zur Zeit viele gibt?*
- *Ein religiöser Fanatiker?*
- *Ein Wunderheiler?*
- *Ein Mensch?*
- *Der Messias?"*

Nun ist die Phantasie und das Wissen der Spieler gefragt. Sie haben die Aufgabe, sich in die Rolle eines Reporters hinein zu versetzen und somit Material zu Jesus selbst zusammen zu stellen. Ziel ist eine Sonderausgabe zu den aktuellen Geschehnissen oder eine Redaktionssitzung in Jerusalem.

Zur Unterstützung der Spielenden können ihnen folgende Bibeltextstellen zur Hilfe gegeben werden, auch wenn die Geschichten zu Jesus erst nach seinem Tod für das Neue Testament aufgeschrieben wurden:

- Jesus ein „normaler" Mensch mit menschlichen Bedürfnissen?

Eltern (Matthäus 1,18), aufgewachsen in (Lukas 4,16), erlernter Beruf (Markus 6,3), Tätigkeit (Matthäus 4,23), Zahl seiner Anhänger (Markus 3,14)

- Was wird über Jesus gesagt?
  (Markus 3,23; Markus 7,37; Markus 8,28–29; Markus 11,9; Markus 14,62; Markus 15,39)

Zachäus – Lukas 19,1–10

Material: **Nicht erforderlich**
Spieldauer: **ca. 10 Minuten**

Zachäus verändert sich nach der Begegnung mit Jesus. Dieses Erleben nimmt das folgende Spiel auf. Dazu stellen sich die Spieler in zwei Reihen so auf, dass sie einem Partner in einem Abstand von einem Meter gegenüberstehen. Sie haben einen Moment Zeit, sich genau anzuschauen. Dann drehen sich beide um und verändern etwas an ihrer Kleidung, z.B. Schnürsenkel lockern, Ohrring heraus nehmen, Hose hochkrempeln. Schließlich drehen sie sich wieder zum Partner hin. Wer entdeckt die Veränderung beim Partner zuerst?

Kirche erleben

Das Wort Kirche stammt von dem griechischem Wort „kyriakos“. Es bedeutet „Gott gehörig“. Die Kirche ist die Gemeinschaft von Menschen, die zu Gott gehören. Mit dem Wort „Kirche“ soll gesagt werden, dass sich Menschen als eine Gemeinschaft verstehen, die durch ihr Reden und Handeln die Zuwendung und Nähe Gottes deutlich machen wollen. Hinter der Kirche verbirgt sich eine Organisation, Institution, die den gleichen Bedingungen und Möglichkeiten anderer Institutionen unterliegen. Zum Auftrag der Kirche gehören unterschiedliche Aufgaben, wie z.B. Diakonie, Verkündigung, Seelsorge oder Mission. Bei den vorliegenden Spielen geht es aber weniger um die Institution und den Aufgaben von Kirche, sondern vielmehr um den Kirchbau, der von den Spielern erlebt werden soll. Auch in sehr neuen Kirchen gibt es für die Spieler viel zu entdecken und zu erleben.

Blind tasten

Material: **Tücher zum Verbinden der Augen**
Spieldauer: **Je nach Spieler, ab 30 Minuten**

Die Spieler bilden Paare. Einem von beidem werden die Augen verbunden. Der Sehende führt seinen Partner zu verschiedenen Gegenständen in der Kirche. Bei einzelnen Gegenständen darf der „Blinde" verweilen und den entsprechenden Gegenstand ertasten. Es folgen weitere Gegenstände. Nach ca. fünf Minuten wird dem „Blinden" das Tuch abgenommen. Nun darf er die ertasteten Gegenstände in der Kirche wieder finden, indem er seinen Partner zu diesen Gegenständen führt. Anschließend kann ein Rollenwechsel stattfinden.

Fotorallye

Material: **Außergewöhnliche Fotos von verschiedenen Gegenständen in der Kirche**
Spieldauer: **Je nach Menge der Fotos, ab 20 Minuten**

Im Vorfeld des Spiels hat der Spielleiter mehrere außergewöhnliche Fotos von verschiedenen Gegenständen in der Kirche gemacht (mindestens 10 Fotos). Diese werden am Spieltag wiederum an ungewöhnlichen Orten in der Kirche aufgehängt. Dann kommen die Spieler in die Kirche. Sie müssen zuerst die Fotos finden, um sie dann in einem zweiten Schritt den verschiedenen Gegenständen zuordnen zu können, z.B. Pedale einer Orgel, Ausschnitt des Taufbeckens oder eines Leuchters.

Imaginäres Fotografieren

Material: **Tücher zum Verbinden der Augen**
Spieldauer: **Je nach Spieler, ab 30 Minuten**

Die Spieler suchen sich einen Partner. Dem kleineren von beiden werden die Augen verbunden. Der größere von beiden führt den Partner mit verschlossenen Augen durch die Kirche. Bei einem beliebigen Gegenstand in der Kirche hält der Sehende seinen Partner an und „öffnet ihm die Augen". Dieser darf sich für ca. 20 Sekunden den Gegenstand betrachten und somit im Gedächtnis fotografieren. Dann werden die Augen wieder verbunden. Es wird zum nächsten Gegenstand geführt. Dann wiederholt sich der Ablauf. Insgesamt sollten auf diese Weise ca. 5–7 Gegenstände wahrgenommen werden. Bevor ein Rollenwechsel zwischen den beiden Spielern stattfindet, darf der „Fotograph" seine Wahrnehmungen auf Papier malen.

Kirche ertasten

Material: **Langes Bergsteigerseil, Tücher zum Verbinden der Augen**
Spieldauer: **Je nach Spieler, ab 30 Minuten**

In einer Kirche wird ein Bergsteigerseil – mit Hindernissen – „verlegt". Den Spielern werden die Augen verbunden. Nacheinander kommen sie in die Kirche und ertasten das Gebäude, indem sie an dem Bergsteigerseil entlang gehen. Schön ist es, wenn immer ein Sehender bei dem Tastenden ist.

Kirchenrallye

Material: Ausgearbeitete Rallye
Spieldauer: Je nach Aufgabenstellungen, ca. 45 Min.

Der Spielleiter überlegt vor Spielbeginn Fragen zur Kirche. Am Spieltag werden diese Fragen an einzelne Spielgruppen ausgegeben. Diese müssen die Fragen beantworten, indem sie durch die Kirche gehen. Im Anschluss an die Erkundung findet eine Auswertung in der Gesamtgruppe statt.

Mögliche Fragen:

- Überlegt, in welcher Himmelsrichtung der Altar in der Kirche steht?
- Geht in die Sakristei! Bringt einen Gegenstand mit, der zum Abendmahl benötigt wird!
- Den Kirchturm sieht man schon von ferne. Wie hoch ist er?
- Wie heißt das Becken neben dem Altar?
- Findet anhand des Sakristeibuches heraus, wie hoch die Kollekte beim letzten Weihnachtsfest war!

Schöpfung

Die Welt ist angefüllt mit den Schöpfungswerken Gottes. Der priesterliche Schöpfungsbericht (1. Mose 1–2,4a) erzählt von der Erschaffung des Landes mit seinen Pflanzen, des Wassers, der Tiere und der Menschen. Die Spieler entdecken die Schöpfung und begreifen sich als Teil der einen, von Gott erschaffenen Welt. Sie übernehmen Verantwortung gegenüber der Umwelt und den Mitmenschen. Selbst die Zeit zum Spielen, die Freude an der Natur und das Träumen in ihr gehört zur Schöpfung.

Naturmemory

Material: Diverse Naturalien, Tücher
Spieldauer: ca. 30 Minuten

32

Die Spieler suchen sich jeweils einen Partner. Zu zweit gehen sie in die Natur und suchen Naturalien, die im Prinzip doppelt sind, z.B. zwei Tannenzapfen, zwei gleiche Baumblätter, zwei ähnliche Steine usw. Dann werden die Materialien in der Kreismitte der Spieler durcheinander abgelegt. Einem der Partner werden die Augen verbunden, während der andere ihm begleitend zur Seite steht. Ein „Blinder" fängt an, – wie beim klassischen Memoryspiel – die zusammengehörenden Paare ausfindig zu machen. Nach einiger Spielzeit können die Spielpartner ihre Rolle wechseln, wenn die noch vorhandenen Naturalien in der Kreismitte gemischt werden.

Obstsalat

Material: Nicht erforderlich
Spieldauer: ca. 5–10 Minuten

Alle Spieler sitzen in einem Stuhlkreis. Der Spielleiter verteilt Obstnamen an die einzelnen Spieler, z.B. Ananas, Kiwi, Mango und Zitrone, Ananas usw. Wichtig ist dabei, dass jede „Obstsorte" in gleicher Anzahl wie die anderen im Kreis vertreten ist. Dann geht ein Freiwilliger in die Mitte, sein Stuhl wird aus dem Kreis genommen. Er ruft pro Spielrunde entweder eine, zwei oder drei Obstsorten auf. Die aufgerufenen Personen müssen dann den Stuhl mit einer anderen „Obstsorte" wechseln, während die in der Mitte stehende Person gleichzeitig versucht, auch einen freien Stuhl für sich zu gewinnen. Wenn alle vertretenden Obstsorten ihre Plätze tauschen sollen, ruft der in der Mitte Stehende „Obstsalat".

Schöpfungsklänge

Material: **Diverse Naturprodukte**
Spieldauer: **Hängt von der Anzahl der Spieler ab, ca. 30 Minuten**

34

Jeder Spieler wird aufgefordert, sich in der Natur einen bzw. mehrere Gegenstände zu suchen, die Geräusche erzeugen. Nach einer vorher vereinbarten Zeit kommen alle Spieler im Plenum wieder zusammen. Dann beginnt ein Spieler und stellt sein „Naturgeräusch" dar. Ein nächster stellt sich zum ersten Spieler und ergänzt das erste Geräusch mit seinem usw. Alle Geräusche zusammen ergeben ein Schöpfungskonzert.

Wasserrallye

Material: **Den Aufgaben entsprechendes Material**
Spieldauer: **Hängt von den Stationen ab, mindestens 60 Minuten**

Es gibt zahlreiche Ideen, um rund um das Wasser eine Rallye zu entwickeln. In einem Spielfeld werden verschiedene Stationen eingerichtet. In einem Abstand von ca. 10 Minuten Gehzeit kommen die in Kleingruppen eingeteilten Spieler von einer Station zur nächsten. An jeder Station erleben sie das Wasser in unterschiedlicher Weise.

Mögliche Aufgaben:

- Schöpft Wasser mit bloßen Händen und füllt damit einen Krug!
- Gurgelt mit Wasser und singt so ein Wasserlied!
- Angelt Korken aus einem Bach, ohne dabei nass zu werden!
- Wascht ein dreckiges Hemd im Wasser aus und hängt es auf eine Wäscheleine!
- Sucht im Gelände nach Gegenständen, die das Wasser bedrohen!

Taufe

Die Taufe ist ein Sakrament bzw. eine Heilshandlung, deren Einsetzung auf Christus zurückgeht. Die Taufe vollzieht sich nur im Zusammenhang mit der Verkündigung des Wort Gottes und der Wasserhandlung – Begießen mit Wassers bzw. Untertauchen im Wasser. Seitens des Täuflings stellt die Taufe das Bekenntnis zu Jesus Christus dar. Die Taufe setzt die Bereitschaft des Täuflings voraus, nach Gottes Wort und Gebot in der Gemeinschaft mit anderen Getauften leben zu wollen. Bei der Taufe von Kleinkindern übernehmen die Eltern und Paten die Verantwortung, den Täufling im Glauben erziehen zu wollen.

Neben dem Wasser spielen auch andere Symbole in der Taufe eine Bedeutung, die in den folgenden Spielen einen Raum finden.

Aus dem Wasser gezogen – Psalm 18,17

Material: **Taufbecken, handwarmes Wasser, für jeden einen blauen Glasnugget**
Spieldauer: **Hängt von der Anzahl der Spieler statt, ca. 10 Minuten.**

Vor Spielbeginn hat der Spielleiter das Taufbecken mit handwarmen Wasser gefüllt und entsprechend der Anzahl der Spieler kleine blaue Glasnuggets hinein gelegt. Dann sammeln sich alle Spieler um das Taufbecken. Sie werden eingeladen, nacheinander mit ihren Händen in das Wasser einzutauchen, und sich dabei einen Nuggetstein aus dem Wasser zu ziehen. Diese Übung vollzieht sich in Anlehnung an den Bibelvers in Psalm 18,17: Aus dem Wasser gezogen. Mit der Hand unterzutauchen und wieder aufzutauchen erinnert daran, dass jeder Getaufte Anteil hat an Tod und Auferstehung Jesu. Im Anschluss an dieses Erleben kann der Psalmvers besprochen werden. Die Steine dürfen mit nach Hause genommen werden.

Fotorallye zu Kreuzformationen

Material: Viele digitale Kameras, Beamer
Spieldauer: ca. 90 Minuten

37

In dieser Fotorallye kommt zur Sprache, dass alle Getauften zum gekreuzigten Christus gehören. Vor Spielbeginn sammeln die Spieler Gedanken zum Kreuz, z.B. jeder trägt sein Kreuz, Andreaskreuz, Malteserkreuz oder Wegkreuzungen. Dann erhalten die in Kleingruppen eingeteilten Spieler eine Digitalkamera mit dem Auftrag, bei einem Spaziergang im Spielfeld viele verschiedene Aufnahmen von Kreuzformationen zu machen. Sicherlich ist das Erstaunen darüber groß, wo im Alltag überall Kreuze zu sehen sind.

Dann können die Bilder per Beamer im Gruppenraum gezeigt werden. Nach der Präsentation kann zusammen überlegt werden, welche Ereignisse im Leben Jesu zum Kreuz geführt haben.

Vertiefend ist auch ein Gespräch darüber möglich, in welchen Situationen jeder Spieler sein Kreuz trägt.

Licht der Welt – Matthäus 5,14

Material: **Nicht erforderlich**
Spieldauer: **ca. 20 Minuten**

Jeder Getaufte ist gesandt, ein Licht der Welt zu sein. In Anlehnung an diesen Auftrag werden die Spieler aufgefordert, Kleingruppen von 3–4 Personen zu bilden. Um der Bedeutung dieser Aufforderung einen Platz im Leben zu geben, überlegen sich die Kleingruppen einzelne Szenen. Nach einer Vorbereitungsphase werden die einzelnen Anspiele nacheinander im Plenum vorgestellt.

Variante:

Bei der Taufe wird durch segnende Hände dem Getauften Schutz zugesprochen. Um den Zuspruch Gottes „Ich will dich segnen und du sollst ein Segen sein" (1. Mose 12,2) spielerisch zu erarbeiten, werden unter dieser Themenstellung Anspiele vorbereitet.

Mein Name

(Vgl. Hartebrodt-Schwier, Echt was Erleben, Aussaat Verlag, S. 22).

Material: **Mehrere Namenslexika, Postkarten, Stifte**
Spieldauer: **Je nach Anzahl der Spieler, ab 20 Minuten**

39

Jeder Name hat eine Bedeutung. Jeder Spieler sucht sich einen Partner. In einem Namenslexikon können die einzelnen Namensbedeutung nachgeschlagen werden. Anschließend gestaltet jeder für den Partner eine Postkarte mit dessen Namensbedeutung. Dann werden die Karten untereinander getauscht, so dass jeder für sich zusätzlich ergänzen kann: Spitznamen und die Geschichte der Namensgebung durch die Eltern. Zum Schluss können alle Postkarten im Plenum vorgestellt werden. Jeder nimmt seine Karte mit nach Hause. Dieses Spiel wird in Anlehnung an den Zuspruch gespielt: Gott kennt jeden bei seinem Namen (Jesaja 43,1).

Wasser des Lebens

Material: **Taufbecken, handwarmes Wasser**
Spieldauer: **Hängt von der Anzahl der Spieler statt, ca. 15 Minuten.**

40

Vor Spielbeginn wird das Taufbecken mit handwarmem Wasser gefüllt. Die Spieler sammeln sich um das Taufbecken. Nacheinander dürfen die Spieler in das Taufbecken ihre Hände tauchen und das Wasser erleben, indem sie es begreifen, anfassen, tragen, kneten oder streicheln. In einem zweiten Schritt können sie sich auch gegenseitig die Hände waschen. Mit dieser Aktion wird die Bedeutung des Wassers bei der Taufe erlebt: Wasser reinigt die Getauften.

Anschließend sucht sich jeder einen Platz in der Kirche, wo jeder für einen Moment verweilen möchte. Dort darf der Spieler spontan zu Papier bringen, was ihm zum Erleben des Wassers einfällt. Nach einer Phase der Ruhe werden die Assoziationen zum Wasser gegenseitig vorgestellt.

Weihnachten

Die Advents- und Weihnachtszeit hat einen großen Stellenwert in unserer Gesellschaft. Sie schafft Glanz in unserem Leben und spricht alle unsere Sinne an. Das christliche Weihnachtsfest stiftet Gemeinschaft unter den Feiernden. Mit dem Weihnachtsfest sind auch verschiedene Brauchtümer verbunden, die helfen, die Weihnachtsbotschaft in unsere Zeit hinein zu übersetzen. Die vorliegenden Spiele können motivieren, über verschiedene Bräuche und über das Weihnachtsevangelium ins Gespräch zu kommen: Wie ist Gott und wie begegnet er uns Menschen mit seiner Liebe?

Adventskalendertür, Bescherung, Stall

(Vgl. Hartebrodt-Schwier, Echt was Erleben, Aussaat-Verlag S. 30).

Material: Nicht erforderlich
Spieldauer: 20 Minuten

In der Gesamtgruppe werden Dreier-Kleingruppen gebildet, in denen in ca. 3–4 Min. ein Standbild zu einem entsprechenden Stichwort entwickelt wird, z.B. Adventskalendertür, Bescherung, Stall usw.

Die Standbilder werden nacheinander im Plenum vorgestellt mit dem Hinweis, dass jeder Teilnehmende alle Positionen eines jeden Standbildes selber nachstellen können sollte. Auf Nachfrage werden zur Orientierung einzelne Standbilder noch einmal gezeigt. Anschließend zeigt der Spielleiter auf eine Person und nennt ein Stichwort zu einem Standbild. Daraufhin stellt diese Person mit dem rechten und linken Nachbarn gemeinsam das entsprechende Standbild dar.

Der Spielleiter lässt sich solange Standbilder anzeigen, bis ein Spieler einen Fehler in der Darstellung macht. Dieser muss dann in die Mitte und weitere Standbilder abfragen.

Sternkalender

Material: **24 Sterne, die jeweils mit einer Ziffer zwischen 1 und 24 gekennzeichnet sind, den Aufgaben entsprechendes Material, pro Mannschaft ein Spielstein, Würfel**

Spieldauer: **Hängt von den einzelnen Aufgaben ab, ca. 90 Minuten**

Der Spielleiter hat vor Spielbeginn 24 Sterne mit den Zahlen 1 bis 24 beschriftet. Die Sterne werden im Spielfeld als Parcours ausgelegt. Hinter jedem Stern verbirgt sich eine Aufgabe oder eine Frage, die die gebildeten Mannschaften entweder zusammen oder gegeneinander erfüllen müssen. Eine Mannschaft würfelt und setzt seinen Spielstein entsprechend der gewürfelten Augenzahl weiter. Der Spielstein wird auf den entsprechenden Stern gesetzt und die Aufgabe bzw. Frage vorgelesen. Die Spielspannung wird gesteigert, wenn die Aufgaben oder Fragen möglichst alle Spieler einbinden. Wenn die Sternaufgabe erfüllt wurde, wird der Stern aus dem Parcours herausgenommen.

Mögliche Aufgaben:

- Schreibt ein Nikolausgedicht mit vier Zeilen – innerhalb von einer Minute!
- Puzzelt die Weihnachtsgeschichte zusammen!
- Welche Farbe hat das adventliche Kirchenjahr?
- Esst einen Spekulationskeks und pfeift, sobald der Mund leer ist.
- Singt zusammen ein Adventslied!
- Wie nennt man den 04. Dezember auch?

Weihnachtliche Liedpantomime

Material: **Viele verschiedene Advents- und Weihnachtslieder, die jeweils auf einen Zettel geschrieben sind.**
Spieldauer: **Hängt von der Menge der Titel ab, ca. 15 Min.**

Die Advents- und Weihnachtszeit ist u.a. geprägt von vielen verschiedenen Liedern, die selbst die Unmusikalischsten verzaubern. Die Gruppe wird in zwei Mannschaften aufgeteilt. Einer aus einer Gruppe eröffnet das Spiel, indem der Spielleiter ihm ein Lied, wie z.B. Macht hoch die Tür, Es ist ein Ros entsprungen usw. ins Ohr flüstert. Dieser Spieler hat die Aufgabe, seiner Mannschaft den Titel des Liedes pantomimisch darzustellen, so dass sie ihn innerhalb einer Minute erraten kann. Wenn die Mannschaft es schafft, erhält sie einen Punkt. Ansonsten darf die andere Mannschaft nach der Minute das Lied beim Namen nennen. Anschließend stellt einer aus der anderen Mannschaft den nächsten Titel dar usw.

Weihnachtliche Montagsmaler

Material: **Diverse Begriffe, Stifte, große Tafel oder ähnliches**

Spieldauer. **Hängt von der Menge der Begriffe ab, ca. 15 Min.**

44

Vor Spielbeginn hat der Spielleiter Begriffe aus der Advents- und Weihnachtszeit gesammelt, z.B. Nussknacker, Hirten, Esel usw., die jeweils auf einen kleinen Zettel geschrieben werden. Die Spieler teilen sich in zwei Mannschaften auf. Einer aus einer Gruppe beginnt das Spiel, der Spielleiter zeigt ihm einen Begriff. Der Spieler malt diesen auf eine große Tafel für beide Mannschaften. Die Mannschaft, die innerhalb einer Minute den gesuchten Begriff errät, erhält einen Punkt. Dann malt einer aus der anderen Mannschaft usw.

Wichteln

Material: **Weihnachtsevangelium, Zettel, Stifte, Säckchen**
Spieldauer: **Hinführung zum Wichteln ca. 30 Min.**

Nach dem Hören der Weihnachtsgeschichte schreibt jeder auf einen kleinen Zettel einen Satz, der ihm besonders gefällt. Auf die Rückseite des Zettels wird ein nichtmaterieller Wunsch hinzu gefügt, wie z.B. Glück im Leben, Zufriedenheit, stressfreies Zusammenleben mit anderen etc.

Dann werden die Zettel in einem Säckchen gesammelt. Nacheinander zieht jeder Spieler einen neuen Zettel, aber nicht den eigenen. Zum nächsten Treffen bringt jeder etwas Passendes zum Wunsch mit, ohne dabei etwas Bestimmtes zu kaufen. Jeder Spieler stellt nacheinander seinen gezogenen Zettel den anderen vor und präsentiert dazu sein passendes Geschenk. Es wird demjenigen überreicht, der den Satz geschrieben hat. Der Empfangene stellt dann seinen Zettel vor usw.

Literaturverzeichnis

Die Bibel. Nach der Übersetzung Martin Luthers. Hrsg. Von der Evangelischen Kirche in Deutschland, Stuttgart 1991. (Sonderausgabe zum „Jahr der Bibel 1992".

Calvocoressi, Peter: Who's who in der Bibel. Aus dem Englischen von Angela Hausner. 4. Aufl. München 1994.

Hartebrodt-Schwier, Elke: Echt was Erleben. Erlebnismomente, biblische Inhalte, Spielideen. Neukirchen-Vluyn 2002. (Reihe Kreaktiv Kompakt).

Konfirmandenarbeit in Düsseldorf-Garath. Hrsg. vom Pädagogisch-Theologischen Institut der Ev. Kirche im Rheinland, Fachbereich Kirchlicher Unterricht. 2. Aufl. Düsseldorf 1993. (Materialheft Konfirmandenarbeit Sonderheft 3).

Spiele rund um die Welt. Eine Materialsammlung. Hrsg. vom Deutschen Komitee für UNICEF. 3. Aufl. Köln 1994